Collection de M. L... L R de Ch....

EAUX-FORTES MODERNES

ÉCOLE ANCIENNE

ESTAMPES DU XVIIIe SIÈCLE

LITHOGRAPHIES

21 et 22 Avril 1892

Me Maurice DELESTRE
COMMISSAIRE-PRISEUR
Rue Drouot, 27

M. L. DUMONT
EXPERT, MARCHAND D'ESTAMPES
Rue Laffitte, 27

PARIS — 1892

IMPRIMERIE MAULDE ET RENOU

A. MAULDE & Cie

IMPRIMEURS DE LA COMPAGNIE DES COMMISSAIRES-PRISEURS

Rue de Rivoli, 144. — Paris

Vente des 21 et 22 Avril 1892

EAUX-FORTES MODERNES

Bracquemond — Brunet-Debaisne — Chauvel

JACQUEMART, MEISSONIER, WALTNER

Flameng, Gaujean, Mathey, etc.

EAUX-FORTES ORIGINALES DE J.-F. MILLET

LITHOGRAPHIES

Géricault, Henry Monnier, Raffet, etc.

ÉCOLE ANCIENNE

ESTAMPES DU XVIIIe SIÈCLE

Provenant de la Collection de M. L... L R de Ch...

Dont la vente aux enchères publiques aura lieu

HOTEL DES COMMISSAIRES-PRISEURS

RUE DROUOT, 9, SALLE N° 4

Les Jeudi 21 et Vendredi 22 Avril 1892

à 1 heure et demie

Par le ministère de Me **Maurice DELESTRE**, Commiss[re]-Priseur
rue Drouot, 27,

Et de **M. L. DUMONT**, Expert, Marchand d'Estampes
rue Laffitte, 27.

PARIS — 1892

CONDITIONS DE LA VENTE

Elle sera faite au comptant.

Les Acquéreurs paieront CINQ POUR CENT en sus des enchères applicables aux frais.

M. DUMONT, chargé de la vente, se réserve la faculté de rassembler ou de diviser les lots.

L'ordre du Catalogue sera suivi.

ORDRE DES VACATIONS

PREMIÈRE VACATION. — **Jeudi 21 Avril 1892**

N°s 1 à 225

DEUXIÈME VACATION. — **Vendredi 22 Avril 1892**

N°s 226 à 441

MM. les Amateurs pourront visiter la Collection chez M. DUMONT, *rue Laffitte, 27, pendant les huit jours précédant la vente.*

M. DUMONT *se charge des commissions des Amateurs qui ne pourraient assister à la vente.*

DÉSIGNATION

ÉCOLE ANCIENNE

ALDEGRAVER (H.)

1 — Ils cherchaient à éviter la présence de Dieu. *Histoire d'Adam et Eve* (Bartsch 4).

Très belle épreuve.

BACKUYSEN (L.)

2 — Marine.

Très belle épreuve avant la lettre, rare.

BÉHAM (H.-S.)

3 — Paysan au marché. (Bartsch 136).

Belle épreuve.

4 — Le Triomphe (B. 143).

Très belle épreuve.

5 — Une Femme vient prier à danser des paysans qui sont à table (B. 161).

Belle épreuve.

6 — Le Mascaron (B. 231).

Très belle épreuve.

BÉHAM (H.-S.)

7 — Jupiter. — Mars, par Th. de Bry. De la suite des sept planètes.

Deux pièces, très belles épreuves.

BOLDRINI (N.)

8 — Paysage, d'après Le Titien.

Très belle épreuve.

BURGMAIR (H.)

9 — Pièce du Triomphe de Maximilien.

Très belle épreuve.

CALLOT

10 — Le Nouveau Testament. Suite complète de 10 pièces et le titre (Meaume 37-47).

Très belles épreuves.

11 — Vie de la Sainte Vierge. Suite complète de 14 pièces (M. 76-89).

Très belles épreuves.

12 — Le Martyre des Apôtres. Suite complète de seize pièces (M. 120-136).

Très belles épreuves avant les numéros.

13 — Jean-Claude Deruet, peintre du duc de Lorraine (M. 505).

Très belle épreuve, grandes marges.

DENTE (Marc de Ravenne.)

14 — Vénus et l'Amour portés sur des dauphins (Bartsch p. 324).

Très belle épreuve.

GAULTIER (L.)

15 — Le Jugement dernier, d'après Michel Ange.

Très belle épreuve avant le nom de Mariette.

HOPFER (D.).

16 — Sujets tirés de la *Bible* (Bartsch 481).

Très belle épreuve.

JORDAENS

17 — Le Satyre et le Paysan, par Neefs.

Très belle épreuve, marges.

LASNE (M.)

18 — L'Aveu.

Très belle épreuve.

MIEL (J.)

19 — Les Eaux purgatives.

Très belle épreuve, marges, rare.

OSTADE

20 — Le Fumeur riant (Cat. Dutuit 6).

Belle épreuve.

21 — Le Fumeur à la fenêtre (D. 10).

Belle épreuve.

22 — L'Homme et la Femme causant ensemble (D. 12).

Belle épreuve.

23 — La Grange (D. 23).

Belle épreuve.

OSTADE

24 — Le Savetier (D. 27).

Belle épreuve.

25 — La Fileuse (D. 31).

Belle épreuve.

26 — Le Peintre (D. 32).

Belle épreuve.

27 — Le Bénédicité (D. 34).

Belle épreuve.

28 — Le Violon et le petit Vielleur (D. 45).

Belle épreuve.

29 — Son Œuvre complet.

Cinquante-trois pièces, impression moderne.

OSTADE (D'après.)

30 — Ménage rustique, par Visscher.

Belle épreuve.

31 — Les Fumeurs sous la treille. — La Rixe, par Suyderhoef.

Deux pièces, très belles épreuves.

PENTCZ (G.)

32 — Lucrèce (Bartsch p. 79).

Très belle épreuve.

PONTIUS (P.)

33 — Le Roi boit, d'après Jordaens.

Très belle épreuve.

REMBRANDT

34 — Joseph et la Femme de Putiphar (Ch. Bl. 11).

Très belle épreuve.

35 — L'Ange disparaissant devant la famille de Tobie (Ch. Bl. 16).

Très belle épreuve.

36 — Le Dessinateur d'après le modèle (Ch. Bl. 157).

Très belle épreuve.

37 — Femme nue les pieds dans l'eau (Ch, Bl. 164).

Très belle épreuve.

38 — Menasseh Ben Israël (Ch. Bl. 183).

Très belle épreuve.

39 — Feuille avec six têtes, au milieu desquelles se trouve le portrait de la femme de Rembrandt (Ch. Bl. 249).

Très belle épreuve.

40 — L'Homme au chapeau à grands bords (Ch. Bl. 260).

Très belle épreuve.

REMBRANDT (D'après.)

41 — Présentation au Temple, par de Frey.

Très belle épreuve, grandes marges.

42 — Fac-similé.

Huit pièces.

RIBÉRA

43 — Saint Pierre pleurant son péché.

Très belle épreuve.

SUYDERHOEF

44 — Albert, archiduc d'Autriche, d'après RUBENS.

Très belle épreuve.

VAN CLEEF (G.)

45 — La Vierge (Bartsch, 578).

Très belle épreuve, rare.

EAUX-FORTES MODERNES

ESTAMPES DU XVIIIE SIÈCLE

ADAM (V.)

46 — Dernier Pèlerinage à Sainte-Hélène. — Ouverture du cercueil de Napoléon.

Deux pièces, belles épreuves.

APPIAN

47 — Etang neuf, près de CREYS. — Barques de pêcheurs faisant escale.

Deux pièces, très belles épreuves d'artiste sur Japon.

48 — Une Noria à Bordiquier. — Environs de Menton, etc.

Quatre pièces, très belles épreuves d'artiste sur Japon.

AUBRY

49 — L'Abus de la crédulité, par DE LAUNAY.

Très belle épreuve, marges.

BARILLOT

50 — Les Bêtes de Sevrette.

Très belle épreuve d'artiste sur Japon.

BARYE

51 — Lion de Perse.

Très belle épreuve sur Chine.

BASAN

52 — L'Ouvrière en dentelles, d'après Miéris.

Très belle épreuve, grandes marges.

BASSET, DUFLOS (A Paris, chez)

53 — Crédit est mort.

Deux pièces différentes, coloriées, très belles épreuves.

BASSET, LENGLUMÉ (A Paris, chez)

54 — Différents jeux de l'Oie. — Jeu historique de la vie de Napoléon. — Récréation spirituelle. — Jeu de la Fortune. — Jeu des Monuments de Paris, etc.

Douze pièces, belles épreuves.

BAUDOIN

55 — Le Matin. — Le Midi. — La Nuit, par de Ghendt.

Trois pièces, belles épreuves, marges.

BIANCHI

56 — L'Enfant de chœur.

Très belle épreuve d'artiste sur Japon.

BODMER (K.)

57 — Cerfs en prairie.

Très belle épreuve sur Chine.

BOILLY

58 — Le Portrait, par Chaponnier.

Très belle épreuve avant la lettre, marges.

59 — Réunion d'Artistes, par Clément, avec le trait explicatif.

Deux pièces, très belles épreuves, toutes marges.

BOIZOT (Mlle A.)

60 — La Hollandaise à son clavecin, d'après Metzu.

Très belle épreuve, grandes marges.

61 — Le Déjeuner de la Hollandaise, d'après Metzu.

Très belle épreuve, marges.

BOUCHARDON

62 — Études prises dans le bas peuple, ou les Cris de Paris. Série complète de soixante planches en cinq suites.

Très belles épreuves, avec marges.

BOUCHER

63 — Les Cris de Paris. — Suite complète de douze pièces gravées par Le Bas, Ravenet, etc.

Très belles épreuves grandes marges.

BOULARD

64 — Le Départ des Pêcheurs.

Très belle épreuve d'artiste sur parchemin.

BRACQUEMOND

65 — Zacharie Astruc (B. 5). (1)

Très belle épreuve d'artiste sur Japon.

66 — Le Haut d'un battant de porte (B. 110).

Très belle épreuve d'artiste sur Japon.

67 — Margot la critique (B. 113).

Belle épreuve.

68 — Ils s'en allaient dodelinant (B. 125).

Très belle épreuve d'artiste sur Japon.

69 — La Nuée d'Orage (B. 219).

Très belle épreuve d'artiste sur Japon, signée.

70 — La Servante, d'après Leys (B. 280).

Très belle épreuve d'artiste.

71 — Boissy d'Anglas à la Convention, d'après E. Delacroix (B. 341).

Très belle épreuve d'artiste sur Japon avec la lettre B, 7e état.

72 — La même Pièce.

Très belle épreuve d'artiste sur Japon, 8e état.

BRETON (E.)

73 — Clair de Lune.

Très belle épreuve d'artiste sur Chine.

BRUNET-DEBAISNE

74 — Pastorale, d'après Corot.

Très belle épreuve d'artiste sur Japon. Signée.

75 — Les Bruyères, d'après Corot.

Très belle épreuve d'artiste sur Japon.

(1) Les Graveurs du XIXe siècle, par Henri Béraldi.

BRUNET-DEBAISNE

76 — La Chaumière, d'après Corot.

Très belle épreuve d'artiste sur Japon.

77 — L'Orage, d'après Van Goyen.

Très belle épreuve d'artiste.

BUTIN (U.)

78 — Enfants au bord de la mer.

Très belle épreuve d'artiste sur parchemin.

BUTIN, LALANNE

79 — Femmes au Cabestan. — Villers-sur-Mer, etc.

Trois pièces, très belles épreuves d'artiste sur Japon.

CALAME

80 — Paysages des Alpes.

Dix-sept pièces, très belles épreuves d'artiste sur Chine.

81 — Paysages. — Vues de Suisse.

Vingt-huit pièces, très belles épreuves d'artiste sur Chine.

82 — Paysages.

Trente-deux pièces, très belles épreuves d'artiste sur Chine.

CATHELIN

83 — La Nouvelle affligeante, d'après Wille fils,

Très belle épreuve, grandes marges.

CHAMPOLLION

84 — Sarah Bernhardt, d'après B. Lepage.

Très belle épreuve d'artiste sur parchemin.

CHAMPOLLION

85 — La même Estampe.

Très belle épreuve d'artiste sur Chine volant.

86 — Italienne, d'après Fortuny.

Très belle épreuve d'artiste sur parchemin.

87 — La même Estampe.

Très belle épreuve d'artiste sur Chine.

88 — Marocains jouant avec un Vautour, d'après Fortuny.

Très belle épreuve d'artiste sur Japon.

89 — La Vigne, d'après G. Doré.

Très belle épreuve d'artiste sur parchemin.

CHARBONNEL

90 — La Lisette de Béranger.

Très belle épreuve d'artiste sur Japon.

CHARDIN

91 — Le Bénédicité, par Lépicié. (Em. Bocher, 5).

Très belle épreuve, marges.

92 — Dame prenant son Thé, par Filloeul. (E. B., 13).

Très belle épreuve, petites marges.

93 — L'Etude du Dessin, par Flipart (E. B., 14).

Très belle épreuve, marges.

94 — La Blanchisseuse. — La Fontaine, par Cochin (E. B., 6 et 21).

Belles épreuves.

CHARDIN

95 — La Gouvernante. — La Pourvoïeuse, par Lépicié (E. B., 24 et 45).

Deux pièces, belles épreuves, marges.

96 — La Mère laborieuse, par Lépicié (E. B., 35).

Très belle épreuve, marges.

CHARLET

97 — Napoléon, Campagne de France, lith. en couleur.

Très belle épreuve.

98 — Bonaparte passant les Alpes, lith. en couleur.

Très belle épreuve.

99 — Vie civile, politique et militaire du caporal Valentin.

Trente-sept pièces et un titre, belles épreuves.

100 — 1750. — A Wagram. — L'Aveugle, etc.

Treize pièces, belles épreuves.

101 — La bonne petite Fille. — Au Commandement de pas d'observation, etc.

Trois pièces, belles épreuves.

CHAUVEL (Th.)

102 — A Saint-Jean-le-Thomas (B. 37).

Très belle épreuve d'artiste sur parchemin.

103 — Avant l'Orage (B. 38).

Très belle épreuve d'artiste. Signée.

104 — La Mare, d'après Rousseau (B. 42).

Très belle épreuve d'artiste sur parchemin.

CHAUVEL (Th.)

105 — Soleil couchant, d'après Corot (B. 45).

Très belle épreuve d'artiste sur parchemin.

106 — La Hutte, d'après T. Rousseau (B. 49).

Très belle épreuve d'artiste sur parchemin.

107 — Le Tronc d'arbre, d'après Diaz (B. 51).

Très belle épreuve d'artiste sur parchemin.

108 — Une Ecluse dans la vallée d'Optevoz, d'après Daubigny (B. 55).

Très belle épreuve d'artiste sur parchemin.

109 — Pêcheurs Ecossais attendant l'obscurité, d'après Hunter (B. 57).

Très belle épreuve d'artiste sur parchemin.

110 — La Charrette de Foin, d'après J. Dupré (B. 58).

Très belle épreuve d'artiste sur parchemin.

111 — La même Estampe.

Très belle épreuve d'artiste sur Chine.

112 — Retour de bal, d'après Gervex (B. 61).

Très belle épreuve d'artiste sur parchemin.

113 — Près de Dordrecht, d'après Jongkind (B. 64).

Très belle épreuve d'artiste sur Japon.

114 — L'Orage, d'après Diaz (B. 90).

Très belle épreuve d'artiste sur Japon. Signée.

115 — Le Nid de l'aigle, d'après Rousseau (B. 92).

Très belle épreuve d'artiste sur Japon. Signée.

116 — Le Batelier, d'après Corot (B. 93).

Très belle épreuve d'artiste sur Japon. Signée.

CHAUVEL (Th.).

117 — Solitude, d'après Daubigny (B. 94).

Très belle épreuve sur Chine.

118 — L'Enclos, d'après Van Marke, lith. in-fol. (B. 113).

Très belle épreuve d'artiste avec remarque. Signée.

CHÉREAU

119 — Louis de Boullongne, d'après lui-même.

Très belle épreuve, grandes marges.

COURBET

120 — Les Demoiselles de Village.

Très belle épreuve d'artiste sur Japon.

COURTRY (Ch.)

121 — Femme à la fontaine, d'après Henner (B. 12).

Très belle épreuve d'artiste sur Japon.

122 — La Forêt, d'après Van Marcke (B. 25).

Très belle épreuve d'artiste sur Chine. Signée.

123 — Le Moulin, d'après Van Marcke (B. 27).

Très belle épreuve d'artiste.

124 — L'Atelier, d'après Munkacsy (B. 33).

Très belle épreuve d'artiste sur parchemin.

125 — Les Courses d'Epsom, d'après Géricault (B. 256).

Très belle épreuve d'artiste sur Japon. Signée.

COURVOISIER

126 — Vue de la place Vendôme, par Dubois.

Très belle épreuve en couleur.

COUTIL

127 — Beau temps, d'après Heilbuth.

Très belle épreuve d'artiste sur Japon.

DAMMAN

128 — Bergère, d'après Millet (B. 4).

Très belle épreuve d'artiste sur Japon. Signée.

129 — Arabe en prière, d'après Fortuny (B. 7).

Très belle épreuve d'artiste sur Japon. Signée.

DAUBIGNY

130 — Les Vendanges. — Parc à Moutons.

Deux pièces, très belles épreuves.

DAULLÉ

131 — La Riboteuse hollandaise, d'après Metzu.

Très belle épreuve, marges.

DAUMIER

132 — Primo saignare, etc.

Très belle épreuve coloriée.

133 — Cortège du Commandant général des Apothicaires.

Très belle épreuve coloriée.

134 — La Cour du roi Pétaud.

Très belle épreuve coloriée.

135 — Le Charenton ministériel.

Très belle épreuve coloriée.

DEBUCOURT

136 — Les Galants surannés ou les Petits Papas à la mode.

Très belle épreuve, grandes marges.

DECAMPS

137 — L'An de grâce 1840, lith. (B. 86).

Belle épreuve, rare.

138 — Enfants effrayés par une chienne, lith.

Très belle épreuve sur Chine.

DELACROIX (E.)

139 — Gare dessous. — Duel polémique. — Le Déménagement. — Leçon de voltige.

Quatre pièces, belles épreuves.

140 — Weislingen prisonnier de Goetz, lith.

Très belle épreuve d'artiste sur Chine avec croquis dans les marges.

DELACROIX (D'après E.)

141 — Lion écrasant un Serpent, par A. Masson.

Très belle épreuve d'artiste sur Chine.

DELAUNEY

142 — La Cathédrale de Coutances.

Très belle épreuve d'artiste sur Japon, remarque. Signée.

DETAILLE

143 — Uhlan en reconnaissance.

Très belle épreuve d'artiste sur Japon.

144 — Un Cuirassier.

Très belle épreuve d'artiste sur Japon.

DETAILLE

145 — Trompette de Chasseurs à cheval.

Très belle épreuve d'artiste sur Japon.

DIAZ

146 — Les Fous amoureux. — La V[illegible]ve, lith

Deux pièces, belles épreuves.

DIDIER

147 — Madeleine, d'après Henner.

Très belle épreuve d'artiste sur parchemin.

DUPLESSIS-BERTAUX

148 — Un Pont de Paris.

Très belle épreuve à l'eau-forte pure, rare.

149 — Séance du Conseil des Cinq-Cents. — Scène de Kermesse, d'après Rubens.

Deux pièces très belles épreuves à l'état d'eau-forte pure, marges.

DUPLESSIS-BERTAUX, CHOFFARD

150 — Camées. — Bas-Reliefs. — Fleuron.

Deux pièces, très belles épreuves.

FLAMENG (L.)

151 — Hassan et Namouna, d'après Regnault (B. 197).

Très belle épreuve d'artiste.

152 — La Lecture. — L'Heure du rendez-vous, d'après Toulmouche (B. 198-199).

Deux pièces, très belles épreuves d'artiste sur parchemin.

FLAMENG (L.)

153 — Les Enmurés de Carcassonne, d'après J.-P. LAURENS (B. 207).

Très belle épreuve d'artiste sur parchemin.

154 — La même Estampe.

Très belle épreuve sur Chine.

155 — François de Borgia devant le cercueil d'Isabelle de Portugal, d'après J.-P. LAURENS (B. 208).

Très belle épreuve d'artiste sur parchemin.

156 — Jésus guérissant les malades, d'après REMBRANDT (B. 218).

Très belle épreuve d'artiste.

157 — Jeune Fille, d'après GREUZE (B. 285).

Très belle épreuve d'artiste sur Japon.

158 — Le Tasse dans la prison des fous, d'après DELACROIX (B. 288).

Très belle épreuve d'artiste sur parchemin.

159 — La même Estampe.

Très belle épreuve d'artiste sur Chine.

160 — La première arrivée, d'après J. Jacquet. (B. 300).

Très belle épreuve d'artiste sur parchemin.

161 — Madame X..., d'après F. FLAMENG (B. 354).

Très belle épreuve d'artiste sur parchemin.

162 — Paris qui s'en va et Paris qui vient.

Quinze pièces et un titre, belles épreuves sur Chine.

163 — Croquis d'après nature. Villon au cabaret, etc.

Six pièces, belles épreuves.

FORTUNY

164 — Mendiant. — Tireuse de cartes.

Deux pièces, belles épreuves.

FRAGONARD

165 — L'Armoire.

Belle épreuve.

166 — Les Bacchanales. Suite complète de quatre pièces.

Très belles épreuves.

167 — L'Heureuse fécondité, par DE LAUNAY.

Très belle épreuve, grandes marges.

168 — Les Baignets, par DE LAUNAY.

Très belle épreuve, marges.

169 — La Mère de famille, par ROMANET.

Très belle épreuve, grandes marges.

170 — S'il m'était aussi fidèle, par DENNEL.

Belle épreuve, marges.

171 — Invocation à l'Amour, par REGNAULT.

Très belle épreuve avant la lettre, marges.

FRAPPA, HEREAU

172 — Pâturage aux environs d'Honfleur. — La Fête de son Éminence, etc.

Quatre pièces, très belles épreuves d'artiste sur Japon.

FREUDEBERG

173 — La Félicité villageoise, par DE LAUNAY.

Très belle épreuve, marges.

FREUDEBERG

174 — La Félicité villageoise, par DE LAUNAY.
Très belle épreuve, marges.

175 — La Gaieté conjugale, par DE LAUNAY.
Très belle épreuve, petites marges.

GAUCHEREL

176 — La Baie de Naples, d'après GALOFRE.
Très belle épreuve d'artiste sur Japon.

177 — La jeune Fille et la Mort d'après SARAH BERNHARDT.
Très belle épreuve d'artiste sur Japon.

GAUJEAN

178 — L'Apparition, d'après Gustave MOREAU (B. 2).
Très belle épreuve d'artiste sur parchemin.

179 — Orphée, d'après Gustave MOREAU (B. 3).
Très belle épreuve d'artiste sur parchemin.

180 — Repas de Paysans, d'après LENAIN (B. 4).
Très belle épreuve d'artiste sur Chine.

181 — Louis del Rio et ses fils, d'après Antonio MORO (B. 5).
Très belle épreuve d'artiste sur Japon.

182 — Suzanne au bain, d'après HENNER (B. 16).
Très belle épreuve d'artiste sur Japon.

183 — L'Appel des Girondins, d'après F. FLAMENG (B. 17).
Très belle épreuve d'artiste sur parchemin.

184 — Les Énervés de Jumièges, d'après LUMINAIS (B. 18).
Très belle épreuve d'artiste sur Japon.

GAUJEAN

185. — La Leçon de musique, d'après J. Steen (B. 21).

Très belle épreuve d'artiste sur parchemin.

GAVARNI

186 — Mme la duchesse d'Abrantès.

Très belle épreuve.

GÉRARD (Mlle)

187 — Les Regrets mérités, par de Launay.

Très belle épreuve, marges.

GÉRICAULT

188 — Etudes de Chevaux, d'après nature, lith. Engelmann. Suite complète de douze pièces (Cat. Clément, 47-58).

Très belles épreuves, grandes marges.

189 — Suite de huit sujets des imp. Engelmann et Villain, avant l'adresse de Gihaut (Cl. 59-66).

Très belles épreuves, grandes marges.

190 — Suite de sept petites pièces, publiées par Gihaut (Cl. 67 à 73).

Très belles épreuves.

191 — Mazeppa. — Le Giaour. — La Fiancée d'Abydos. Lara (Cl. 96-99).

Quatre pièces, très belles épreuves sur Chine, avec marges.

192 — Chevaux flamands. — Les Courses d'Epsom, à deux tons.

Deux pièces, très belles épreuves.

GILBERT

193 — Entrée triomphale des Prussiens à Paris. — Retour à Berlin, lith. en couleur.

Deux pièces, belles épreuves.

GILLI

194 — Une Exécution sous les Rois maures, d'après H. Regnault.

Très belle épreuve d'artiste sur parchemin.

GREUX

195 — Saint Guthbert, d'après Duez.

Très belle épreuve d'artiste sur parchemin.

196 — Porte en bronze de la Sacristie de Saint-Marc, d'après Sansocino.

Très belle épreuve d'artiste sur Chine.

197 — Piano Erard.

Très belle épreuve d'artiste sur parchemin.

GREUZE

198 — Le Ménage ambulant, par Binet.

Très belle épreuve, marges.

199 — Le Geste Napolitain, par Moitte. — Le petit Ramoneur.

Deux pièces, belles épreuves.

GUDIN (T.)

200 — La Tempête, lith.

Très belle épreuve d'artiste.

GUÉRARD (H.)

201 — Le Chat noir.

Très belle épreuve d'artiste.

202 — Marine. — Suite complète de six pièces avec le titre et la couverture.

Très belles épreuves d'artiste.

GUILLEMET

203 — Falaises de Dieppe.

Très belle épreuve d'artiste sur parchemin.

HÉDOUIN

204 — Portrait de Mme X..., d'après CHAPLIN.

Très belle épreuve d'artiste sur parchemin.

ISABEY

205 — L'Impératrice Marie-Louise.

Très belle épreuve avant la lettre, grandes marges.

JACOMIN

206 — Une Hutte au Grand Terrier.

Très belle épreuve d'artiste sur Japon.

JACQUE (CH.)

207 — Les Chanteurs (Cat. Guiffey, 25).

Belle épreuve.

208 — Une Cour (75). — Le Cavalier (83). — Troupeau de Porcs sortant d'un bois (87). — Paysage, soir (94).

Quatre pièces, très belles épreuves d'artiste sur Chine.

209 — Femme donnant à manger à des Porcs (150). — Troupeau de Porcs (85).

Deux pièces, très belles épreuves sur Chine.

JACQUES (Ch.)

210 — L'Orage (G. 212 *bis*).

Très belle épreuve avant la lettre.

211 — Buveurs (G. 218). — La Nourrice (243).

Deux pièces, très belles épreuves.

JACQUE (Ch.), VEYRASSAT, MARVY

212 — Paysages, Sujets rustiques. — Suite de vingt-deux planches.

Belles épreuves.

JACQUEMART

213 — Wilhem Van Heytuysen, d'après F. Hals (B. 269).

Belle épreuve sur Chine.

214 — L'Orage, d'après Greuze (B. 294).

Très belle épreuve d'artiste sur Japon.

215 — La Belle Fille de Goya, d'après Goya (B. 286).

Très belle épreuve d'artiste sur parchemin.

216 — Nature morte, d'après A. Cuyp (B. 292).

Très belle épreuve d'artiste sur Japon.

217 — L'approche de l'Orage, d'après Van der Cappelle (B. 293).

Très belle épreuve d'artiste sur Japon.

218 — Les Bords de la Meuse, d'après Van Goyen (B. 295).

Très belle épreuve d'artiste sur Japon.

219 — Rêve d'Amour, d'après Greuze (B. 296).

Très belle épreuve d'artiste sur Japon.

JACQUEMART

220 — Avant le Bal (B. 327).

Très belle épreuve d'artiste sur Japon.

221 — La même Estampe.

Très belle épreuve d'artiste sur Japon.

222 — Derniers vestiges de l'Abbaye de Fécamp (B. 334).

Très belle épreuve d'artiste sur Japon.

223 — Le Troupeau, d'après Paul Potter (B. 382).

Très belle épreuve d'artiste.

224 — Le joyeux Compagnon, d'après F. Hals.

Très belle épreuve d'artiste sur parchemin.

225 — La même Estampe.

Très belle épreuve d'artiste sur Japon.

JEAURAT

226 — Le transport des Filles de joie à l'hôpital par Le Vasseur.

Belle épreuve, marges.

JONGKIND

227 — Faubourg Saint-Jacques. — Rue des Francs-Bourgeois. — Canal à Rotterdam.

Trois pièces, très belles épreuves d'artiste sur Japon.

228 — Démolitions de la rue des Francs-Bourgeois. — Moulin en Hollande.

Trois pièces, belles épreuves d'artiste sur Japon.

KETTERLIN

229 — Buveur hollandais, d'après Miéris.

Très belle épreuve, grandes marges.

KLAUBER

230 — Femme de Fr. Mieris, d'après lui-même.

Très belle épreuve avant la dédicace, marges.

KŒPPING

231 — Portrait de Femme, d'après REMBRANDT.

Très belle épreuve d'artiste sur parchemin.

232 — La même Estampe.

Très belle épreuve d'artiste sur Chine.

LALAUZE

233 — Cadeaux de noces, d'après GONZALÈS.

Très belle épreuve d'artiste sur parchemin.

234 — Les Voici, d'après C. GREEN.

Très belle épreuve d'artiste sur parchemin.

235 — La même Estampe.

Très belle épreuve d'artiste sur Chine.

LAMOTTE (A.)

236 — Souvenirs, d'après CHAPLIN.

Très belle épreuve d'artiste sur Chine. Signée.

LANÇON

327 — Lion.

Très belle épreuve d'artiste sur parchemin.

238 — Lionne.

Très belle épreuve d'artiste sur parchemin.

LANCRET

239 — Le Maître galant, par LE BAS.

Très belle épreuve, marges.

LE BAS

240 — La Boudinière, d'après TÉNIERS.

Très belle épreuve, grandes marges.

241 — Moisson ou IIIe vue de Flandre. — La Ferme, d'après TÉNIERS.

Deux pièces, belles épreuves, marges.

242 — La Femme jalouse. L'Estaminette. — L'amoureux buveur.

Trois pièces, belles épreuves.

LE BEL

243 — La Voilà prise, par NIQUET.

Très belle épreuve, marges.

LE COUTEUX

244 — Le maréchal Prim, d'après H. REGNAULT (B. 6.)

Très belle épreuve d'état, signée.

245 — La comtesse d'Oxford, d'après VAN DYCK (B. 29).

Très belle épreuve d'artiste sur Japon, signée.

246 — Marie de Médicis, d'après RUBENS (B. 30).

Très belle épreuve d'artiste sur Japon, signée.

247 — Pendant le Prêche (B. 31).

Très belle épreuve d'artiste sur Japon, signée.

248 — Ramasseuses de pommes de terre, d'après BASTIEN LEPAGE.

Très belle épreuve d'artiste sur parchemin.

LEENHOFF

249 — Les bons Camarades. — Intérieur de village, d'après ISRAELS.

Deux pièces, très belles épreuves d'artiste sur parchemin.

LEENHOFF

250 — Les mêmes Estampes.

Deux pièces, très belles épreuves d'artiste sur Chine.

251 — Paysans, d'après Israels.

Très belle épreuve d'artiste sur parchemin.

252 — La même Estampe.

Très belle épreuve d'artiste sur Chine.

LEMPEREUR

253 — Le Triomphe de Silène, d'après Van Loo.

Belle épreuve, marges.

LUNOIS

254 — La salle Graffard, d'après Béraud (B. 7).

Très belle épreuve d'artiste sur Japon, signée.

255 — Le Vin, d'après Lhermitte (B. 9).

Très belle épreuve d'artiste sur Chine volant, signée.

256 — Les Lavandières, d'après Daumier.

Très belle épreuve d'artiste sur Japon, signée.

LURAT

257 — Madame la comtesse V..., d'après C. Duran.

Très belle épreuve d'artiste sur parchemin.

MASSARD

258 — La princesse Sophia, d'après Hoppner.

Très belle épreuve d'artiste sur Japon.

MATHEY

259 — Charles Ier, d'après Van Dyck.

Très belle épreuve d'artiste sur Japon, signée.

MATHEY

260 — Les Enfants de Charles Ier, d'après Van Dyck.
Très belle épreuve sur Chine.

MEISSONIER (E.)

261 — Le Sergent rapporteur.
Très belle épreuve.

262 — Polichinelle, tourné à droite.
Très belle épreuve.

263 — Polichinelle, tourné à gauche.
Très belle épreuve.

MEISSONIER (D'après)

264 — Le Hallebardier, par Desclaux.
Très belle épreuve d'artiste sur Chine.

265 — L'Amateur de tableaux par Desclaux.
Belle épreuve.

266 — Les Amateurs de peinture par L. Flameng.
Très belle épreuve avant la lettre, sur Chine.

267 — 1814, par J. Jacquet.
Très belle épreuve sur Chine.

268 — Les Amateurs d'estampes, par Jacquemart.
Très belle épreuve d'artiste sur Japon.

269 — Le Liseur, par Jacquemart.
Très belle épreuve d'artiste, signée.

270 — La même Estampe.
Belle épreuve.

271 — Défilé des Populations lorraines, par Jacquemart
Très belle épreuve d'artiste.

MEISSONIER (D'après)

272 — La Vedette, par LE RAT.

Très belle épreuve d'artiste sur Japon.

273 — Le Philosophe, par LE RAT.

Très belle épreuve d'artiste sur Japon, signée.

274 — Soldat sous Louis XIII, par LE RAT.

Très belle épreuve d'artiste sur Japon, signée.

275 — Les Joueurs de cartes, par LE RAT.

Très belle épreuve d'artiste sur Chine volant.

276 — La Halte. — Le Peintre d'enseigne, par MARGELIDON.

Deux pièces, très belles épreuves d'artiste sur Japon, signées.

277 — Le Maréchal Duroc, par MONZIÈS.

Très belle épreuve d'artiste sur parchemin.

278 — La Lecture chez Diderot, par L. MONZIÈS.

Très belle épreuve d'artiste sur Japon, signée.

279 — Une Chanson, par MONGIN.

Très belle épreuve d'artiste sur Japon, signée.

280 — Le Convoi, par DE MARE.

Très belle épreuve d'artiste sur Japon.

281 — Le Peintre, par P. RAJON.

Belle épreuve sur Chine.

282 — La Confidence, par H. VION.

Très belle épreuve d'artiste sur Japon, signée.

MEMET

283 — Sarah Bernhardt, chromolith. d'après Bastien LEPAGE (B. 1).

Très belle épreuve.

MÉRYON (Ch.)

284 — La Pompe Notre-Dame.

Belle épreuve.

MÉRYON (D'après)

285 — Le Vaisseau Fantôme, par CHAUVEL. Lith.

Très belle épreuve d'artiste avec la légende au crayon.

MILIUS

286 — Pepito Toc et D'Artagnan, d'après E. LAMBERT.

Très belle épreuve d'artiste sur parchemin.

MILLET (J.-F.)

287 — L'Homme appuyé sur sa bèche (Sensier 4).

Très belle épreuve sur papier ancien.

288 — La Couseuse (S. 10).

Très belle épreuve sur Chine volant.

289 — La même Estampe.

Très belle épreuve sur papier ancien.

290 — La Baratteuse (S. 11).

Très belle épreuve sur Chine volant.

291 — Paysan rentrant du fumier (S. 12).

Très belle épreuve sur Chine volant.

292 — Les Glaneuses (S. 13).

Très belle épreuve sur papier ancien.

293 — Les Bêcheurs (S. 14).

Très belle épreuve.

294 — La Veillée (S. 15).

Très belle épreuve sur Chine volant.

MILLET (J.-F.)

295 — La Cardeuse (S. 16).

Très belle épreuve sur papier ancien.

296 — La grande Bergère (S. 19).

Très belle épreuve sur Japon.

297 — Le Départ pour le travail (S. 20).

Très belle épreuve sur papier ancien.

298 — La petite Bergère assise (S. 29).

Très belle épreuve.

299 — Femme vidant un seau (S. 32).

Très belle épreuve.

300 — Bêcheur au repos (S. 34).

Très belle épreuve.

MILLET (J.-B.)

301 — Cour de Ferme.

Très belle épreuve d'artiste.

MILLET (D'après)

302 — L'Angélus. — Ramasseuses de pommes de terre, par Margelidon,

Deux pièces, très belles épreuves d'artiste sur Japon.

MONGIN

303 — Le Christ devant Pilate, d'après Munkacsy.

Très belle épreuve d'artiste sur Japon.

MONNIER (H.)

04 — Mœurs administratives, dessinées d'après nature. Suite complète de six pièces en hauteur avec le titre.

Très belles épreuves, grandes marges.

MONNIER (H.)

305 — Mœurs administratives, dessinées d'après nature. Suite complète de treize pièces en largeur avec le titre.

Très belles épreuves, grandes marges.

306 — Les six quartiers de Paris. Suite complète.

Très belles épreuves coloriées, toutes marges.

307 — Théâtre du Vaudeville. — Henri Monnier dans la famille improvisée.

Belle épreuve, marges.

308 — Otez l'Homme de la Société. — Jules m'aimes-tu comme je t'aime, lith.

Deux pièces, très belles épreuves, rares.

MONZIÈS (L.)

309 — Sarah Bernhardt, d'après Clairin (B. 12).

Très belle épreuve d'artiste sur parchemin.

310 — Saint-Sébastien, d'après Ribot (B. 13).

Très belle épreuve d'artiste sur parchemin.

311 — La même Estampe.

Très belle épreuve d'artiste sur Chine.

312 — La Folie de Hugo Van der Gœs, d'après Wauters (B. 14).

Très belle épreuve d'artiste sur parchemin.

313 — La Convalescente, d'après Duez (B. 18).

Très belle épreuve d'artiste sur parchemin.

314 — La Rochejaquelin, d'après Le Blant (B. 19).

Très belle épreuve d'artiste sur parchemin.

315 — U. Butin, d'après Duez (B. 20).

Très belle épreuve d'artiste Japon.

MOUILLERON

317 — Course effrénée, d'après DELACROIX.

Très belle épreuve d'artiste.

OSTADE (D'après)

318 — Le Grivois flamand, par CHENU.

Très belle épreuve, marges.

OUDART (F.)

319 — Calendrier de 1882.

Deux épreuves d'artiste dont une sur Japon. Signée.

320 — Calendriers 1887-1888-1889.

Trois pièces, très belles épreuves d'artiste sur Japon.

PATER

321 — La Courtisane amoureuse, par FILLŒUL.

Très belle épreuve, marges.

322 — Le Savetier, par FILLŒUL.

Belle épreuve.

PAUQUET

323 — Bossuet.

Deux pièces dont une à l'état d'eau-forte pure et avant lettre, très belles épreuves.

PRUD'HON (D'après)

324 — Les Préparatifs de la guerre.

Très belle épreuve d'artiste, rare.

325 — La Famille indigente, par Toussaint CARON.

Belle épreuve.

QUEYROY, RINGEL, VEYRASSAT

326 — Puits abandonné. — Cour de Ferme, etc.

Quatre pièces, très belles épreuves d'artiste sur Japon.

RAFFET

327 — Expédition et Siège de Rome. Suite complète de trente-six pièces. Album cartonné.

Très belles épreuves sur Chine.

328 — Siège d'Anvers.

Seize pièces, très belles épreuves.

329 — Retraite et prise de Constantine.

Sept pièces, très belles épreuves sur Chine.

330 — Le Cri de Waterloo. — Le Défilé nocturne.

Deux pièces, fac simile de dessins.

RAJON (P.)

331 — Salomé, d'après H. Regnault.

Très belle épreuve d'artiste sur Chine.

RAMUS

332 — La Naissance de Henri IV, d'après Devéria (B. 14)

Très belle épreuve d'artiste sur Japon.

333 — Le Convoi d'un Enfant, d'après Edelfeld (B. 22)

Très belle épreuve d'artiste sur Japon.

334 — Leaving home, d'après F. Holl (B. 31).

Très belle épreuve d'artiste sur parchemin.

335 — Madame G. d'après Van den Bos.

Très belle épreuve d'artiste sur Japon.

ROHR

336 — Intérieur de Cabaret, d'après Téniers

Très belle épreuve d'artiste sur Japon.

ROPS (Fél.)

337 — Norvégienne.

Très belle épreuve d'artiste sur Japon. Signée.

338 — La Lecture du Grimoire. — Paysan breton. — L'Oracle du hameau.

Trois pièces, très belles épreuves. Signées.

ROQUEPLAN

339 — Le Soir, marée basse, par Garnier, lith.

Très belle épreuve.

ROYBET

340 — Joueurs de tric-trac.

Très belle épreuve d'artiste sur Japon.

ROYBET et DIVERS

341 — Frontispices pour l'Illustration nouvelle.

Quatre pièces, très belles épreuves sur Japon.

SAINT-AUBIN (Aug. de)

342 — C'est ici les différents jeux des petits polissons de Paris par Tilliard, suite complète de six pièces.

Belles épreuves.

SAINT-AUBIN (G. de)

343 — Comparaison du bouton de Rose, par Dennel.

Très belle épreuve, marges.

SCHENNIS

344 — Crépuscule. — Clair de Lune.

Deux pièces, très belles épreuves d'artiste sur Japon.

345 — Les mêmes Estampes.

Deux pièces, très belles épreuves d'artiste sur Japon.

SCHMIDT

346 — Philippe V, roi d'Espagne, d'après VAN LOO.

Très belle épreuve.

SCHENKER

347 — Fanchon la Vielleuse, d'après DE LA PLACE.

Très belle épreuve avant la lettre, grandes marges.

SOMM (H).

348 — Calendrier de 1882.

Très belle épreuve.

STEUBEN

349 — Les Huit époques de Napoléon, par BOUVIER.

Très belle épreuve, rare.

SURUGUE (L.)

350 — Louis de Boullongne le père, d'après MATHIEU.

Très belle épreuve, grandes marges.

THOMASSIN

351 — Tombeau de Monseigneur Henri de Lorraine et de Monseigneur le chevalier d'Harcourt.

Très belle épreuve, grandes marges.

THORNLEY

352 — Les Courses d'Epsom, d'après Géricault, lith., grand in-fol.

Très belle épreuve d'artiste avec remarque. Signée.

TISSOT (J.)

353 — La première Culotte.

Très belle épreuve d'artiste. Signée.

TRIMOLET

354 — Paysage boisé, d'après Hobbéma.

Très belle épreuve d'artiste sur parchemin.

355 — La même Estampe.

Très belle épreuve d'artiste sur Chine.

VERNET (Carle)

356 — Oh ! c'est bien ça, par Levachez.

Belle épreuve en couleur.

357 — Les Gastronomes sans argent, par Commarieux.

Très belle épreuve, toutes marges.

358 — Les Gastronomes en jouissance, par Coqueret.

Très belle épreuve, toutes marges.

VEYRASSAT

359 — Le Bac.

Très belle épreuve d'artiste sur parchemin.

VOLLON

360 — A Montmartre. — Le Moulin de la Galette.

Deux pièces, très belles épreuves d'artiste sur Japon.

VUES ET COSTUMES DE LA SUISSE

361 — **Chapuy**. Vues des Lacs de la Suisse.

Neuf pièces, belles épreuves.

362 — **Descourtis.** Vue d'un Pont sur la Lutschinen glacier inférieur de la Vallée du Grindelwald — Glacier de Lauteraar.

Trois pièces en couleur, très belles épreuves.

363 — **Descourtis.** Chute de la Tritt. — Victori pacifico.

Deux pièces en couleur, très belles épreuves.

364 — **Descourtis, Janinet.** La Lutschinen sortant du glacier du Grindelwald. — Vue de la Caverne de Saint-Béat.

Deux pièces en couleur, très belles épreuves.

365 — **Gessner**. Vues de Bâle, Uri, Glaris, etc.

Quatre pièces, belles épreuves.

366 — **Joly.** Vevey et le lac Léman. — Vallée de Glaris.

Deux pièces, belles épreuves.

367 — **Keller**. Vue du Rigi. — Bâle. — Lucerne, etc.

Huit pièces, dont trois en couleur, belles épreuves.

368 — **Legrand (P.).** Costumes des Paysannes des différents cantons et divers.

Onze pièces en couleur, belles épreuves

369 — **Masquelier-Malgo.** Tombeau de J.-J. Rousseau. — Vue des Environs du lac Léman.

Deux pièces, très belles épreuves dont une avant la lettre.

370 — **Mechel (Ch.** de) et **Divers.** Les Trois Grâces de Gouquisberg. — Paysannes de Zurich, etc.

Huit pièces, belles épreuves.

371 — **Mélin** (G.). Le Monument de Salomon. Gesner à Zurich. — Les Muletiers des Alpes. — Environs de Lucerne.

Trois pièces, belles épreuves.

372 — **Valerio.** Costumes du grand-duché de Bade.

Huit pièces coloriées, belles épreuves.

373 — **Weis.** Vues perspectives de la ville de Bâle. — Cartes, plans, etc.

Onze pièces.

WALTNER (Ch.).

374 — Son Altesse le Prince de Galles.

Très belle épreuve d'artiste sur Chine.

375 — Le Vase de Chine, d'après Fortuny.

Très belle épreuve d'artiste sur Japon.

376 — Mademoiselle P. M., d'après Dubois.

Très belle épreuve d'artiste sur Japon.

377 — Valet de Torero, d'après H. Regnault.

Très belle épreuve d'artiste sur Japon.

378 — Madame Bischoffein, d'après Millais.

Très belle épreuve d'artiste sur Japon.

379 — La Bohémienne, d'après G. Ricard.

Très belle épreuve d'artiste sur Japon.

380 — Le Repos, d'après L. Leloir.

Très belle épreuve d'artiste sur Japon.

WALTNER (Ch.).

381 — A Yeoman of the Guard, d'après Millais.

Très belle épreuve d'artiste sur Japon.

382 — La même Estampe.

Très belle épreuve d'artiste sur Chine.

383 — Van Vollenhoven, d'après Raveinstein.

Très belle épreuve d'artiste sur parchemin.

384 — La même Estampe.

Très belle épreuve d'artiste sur Japon.

385 — Madame Van Vollenhoven, d'après Raveinstein.

Très belle épreuve d'artiste sur parchemin.

386 — La même Estampe.

Très belle épreuve d'artiste sur Japon.

387 — Duquesnoy, d'après V. Dyck.

Très belle épreuve d'artiste sur Japon.

388 — La même Estampe.

Très belle épreuve d'artiste sur Chine.

389 — La Vierge aux fruits, d'après Crivelli.

Très belle épreuve d'artiste sur Chine.

390 — Lépicié, d'après lui-même.

Très belle épreuve d'artiste sur Japon.

391 — Leideguive, d'après de la Tour.

Très belle épreuve d'artiste sur Japon.

392 — Vieillard, d'après Jordaens.

Très belle épreuve d'artiste sur Japon.

393 — Le Christ triomphe du péché et de la mort, d'après Rubens.

Très belle épreuve d'artiste sur Japon.

WALTNER (Ch.).

394 — J. de Gordes, d'après Rubens.
Très belle épreuve d'artiste sur parchemin.

395 — Lions, d'après Rubens.
Très belle épreuve d'artiste sur Japon.

396 — La Mise au Tombeau, d'après Van Dyck.
Très belle épreuve d'artiste sur parchemin.

397 — Le Doreur, d'après Rembrandt.
Très belle épreuve d'artiste sur Japon. Signée.

398 — Portrait de Rembrandt, d'après lui-même.
Très belle épreuve avant la lettre sur Japon.

399 — Le Rabbin, d'après Rembrandt.
Très belle épreuve d'artiste sur Japon. Signée.

400 — Le Chasseur, d'après Hermann Léo.
Très belle épreuve sur Chine avant la lettre.

WATTEAU (A.).

401 — Antoine de la Roque, par Lépicié (De G. 17).
Belle épreuve, marges.

402 — Alte, par Moyreau (De G. 57).
Très belle épreuve, marges.

403 — Les Champs-Elysées, par Tardieu (De G. 116).
Très belle épreuve à l'eau-forte pure, petites marges.

404 — Fêtes vénitiennes, par Cars (De G. 135).
Très belle épreuve, grandes marges.

405 — L'Ile enchantée, par Le Bas. (De G. 139).
Très belle épreuve, grandes marges.

WATTEAU (A.)

406 — La même Estampe.

Belle épreuve, sans marges.

407 — Pierrot content, par Jeaurat (De G. 153).

Très belle épreuve, grandes marges.

408 — Rendez-Vous de Chasse, par Aubert (De G. 164).

Belle épreuve, marges.

409 — Retour de Guinguette, par Chedel.

Belle épreuve, marges.

410 — Retour de Campagne, par N. Cochin

Très belle épreuve, grandes marges.

WILLE (J.-G.)

411 — Son Portrait, par Ingouf, d'après Wille fils.

Très belle épreuve, petites marges.

412 — Agar présentée à Abraham par Sarah, d'après Diétricy.

Très belle épreuve avant toutes lettres, grandes marges.

413 — Les Délices maternelles. — Les Soins maternels, d'après Wille fils.

Deux pièces, très belles épreuves avec les armes et la dédicace, grandes marges.

414 — Les mêmes Estampes.

Deux pièces, belles épreuves.

415 — La Ménagère hollandaise, d'après G. Dow.

Très belle épreuve, marges.

416 — La Cuisinière hollandaise, d'après G. Metzu.

Très belle épreuve, grandes marges.

WILLE (J.-G.)

417 — Petite Écolière, d'après SCHENAU.

Très belle épreuve, toutes marges.

418 — Gazettière hollandaise, d'après G. TERBURG.

Très belle épreuve, grandes marges.

419 — Bons Amis, d'après VAN OSTADE.

Très belle épreuve, marges.

420 — Paysage. — Environs de Caudebec. — VIIe vue de Flandres, par LE BAS.

Trois pièces, belles épreuves dont une avant la lettre

421 — Woldemar de Lövendal, d'après DE LA TOUR.

Très belle épreuve, marges.

422 — Abel François Poisson, marquis de Marigny, d'après TOCQUÉ.

Très belle épreuve, grandes marges.

423 — Charles, prince de Galles, d'après TOCQUÉ.

Très belle épreuve, petites marges.

424 — La même estampe.

Très belle épreuve.

425 — François de Neuville, duc de Villeroy, d'après CHEVALIER.

Très belle épreuve, marges.

426 — Charles-Frédéric, Margrave de Bâle. — De Neuville, duc de Villeroy.

Deux pièces, belles épreuves, marges.

427 — Nicolas de Catinat. — Léopold, prince d'Anhalt. — Arnaut d'Ossat par FIQUET.

Trois pièces, belles épreuves.

WILLE (J.-G.)

428 — Hiéronimus von Erlach, d'après RITTER RUSCA.
Très belle épreuve, marges.

429 — La même Estampe.
Très belle épreuve, grandes marges.

WILSON (G.-P.)

430 — L'Écurie, d'après MORLAND.
Très belle épreuve d'artiste sur Japon.

YON

431 — Le Matin, d'après C. BERNIER.
Très belle épreuve d'artiste sur Japon.

432 — L'Ile de Villenoy.
Très belle épreuve d'artiste sur Japon.

PUBLICATIONS DIVERSES, ALBUMS

433 — Journal L'Art. — Année 1883. — Cinquante-trois Eaux-Fortes en épreuves d'artiste sur Japon. — Cinquante-trois Eaux-Fortes avec la lettre sur Hollande. — Cinquante-deux Bois en tirage à part.

434 — Album contenant vingt-neuf Eaux-Fortes de Ch. Jacque. — Paysages et Vues sur Chine.

435 — L'Eau-Forte en 1874. Trente pièces belles épreuves, avant la lettre sur Hollande, texte par M. PH. BURTY ; à Paris chez CADART.

436 — L'Eau-Forte en 1875. — Quarante pièces belles épreuves avant la lettre sur Hollande, texte par Ph. Burty ; à Paris, chez Cadart.

437 — Paris en 1889. Album de dix Eaux-Fortes par divers artistes, à Paris, chez Delarue.

438 — Album de vingt Eaux-Fortes par les meilleurs artistes, texte par Ch. de Vaux (Gil Blas 1881).

439 — Album contenant quatorze pièces, gravures et lithographies en noir et en couleur par Debucourt et divers.

440 — Deux Albums contenant trente-neuf lithographies par Géricault, C. Vernet, Gros, etc., provenant de la collection de M. le baron L. de Mauroy.

441 — **G. Hirth**. Les grands Illustrateurs, trois siècles de vie sociale de 1500 à 1800, 1er vol., à Leipsic et Munich, relié.

A. Maulde et Cie, imprimeurs de la Compagnie des Commissaires-Priseurs, rue de Rivoli, 144. 500—23121

www.ingramcontent.com/pod-product-compliance
Ingram Content Group UK Ltd.
Pitfield, Milton Keynes, MK11 3LW, UK
UKHW032006260826
14628UKWH00005B/2315

9 782329 520834